Zur Sache Weingarts.

Verhandlungen der am 15. Dezember 1899
im Architektenhause in Berlin abgehaltenen Versammlung
über die Amtsenthebung des Pastors Weingart
in Osnabrück.

Berlin.
Verlag von Georg Reimer
1900.

Die Absetzung des Pfarrers Weingart
in Osnabrück.

Öffentliche Versammlung des kirchlich-liberalen Central-Wahlvereins
in Berlin
Freitag, den 15. Dezember 1899
abends $8^{1}/_{4}$ Uhr
im Architektenhause, Wilhelmstraße 92/93.

Herr Reichstagsabgeordneter **Schrader:** Meine Damen, meine Herren! Ich habe die Ehre, Sie im Namen der Einladenden, in deren Auftrage ich den Vorsitz zu führen habe, zu begrüßen.

Wir haben Sie berufen, um über einen Fall zu beraten, der ein großes, wohlverdientes Aufsehen in letzter Zeit gemacht hat. Der Pfarrer Weingart von St. Marien in Osnabrück ist durch das hannoversche Konsistorium seines Amtes enthoben worden, ein Geistlicher, der in seiner Gemeinde sich des größten Vertrauens erfreut, seines Amtes nach der Bescheinigung der gegen ihn ergangenen gerichtlichen Erkenntnisse aufs beste gewaltet und dessen Verbrechen ausschließlich darin bestanden hat, daß er in seinen Predigten einer Auffassung über die Auferstehung und die Himmelfahrt Christi Ausdruck gegeben hat, welche von zahlreichen Geistlichen getheilt wird. Aus diesem Grunde allein ist er seines Amtes enthoben.

Die Amtsenthebung ist nicht durch eine Beschwerde aus dem Kreise seiner Gemeinde veranlaßt, sondern lediglich dadurch, daß wegen seines Verhaltens in einer Synodalverhandlung das Konsistorium in Hannover es für zweckmäßig gehalten hat, seine Predigten einzufordern, und aus diesen Predigten nun die Ketzereien entnommen hat, die den Grund zu seiner Absetzung abgegeben haben.

Dieser einfache von gar keinem anderen Nebenumstande beeinflußte Sachverhalt ist es, der das große Aufsehen hervorgerufen hat.

Denn hier liegt ein Fall vor, in welchem lediglich das Bekenntnis und die Lehren eines Geistlichen, Lehren, die ihm nicht allein eigen sind, sondern der theologischen Wissenschaft entspringen, zur Amtsentsetzung Veranlassung gegeben haben. Es ist nöthig, daß diejenigen, die es mit der evangelischen Kirche ehrlich meinen, über einen solchen Fall offen ihre Ansicht aussprechen, und diese offene Ansicht von Ihnen zu erbitten, ist der Zweck dieser Versammlung.

Es ist nicht meine Aufgabe, auf den Fall im einzelnen einzugehen, zu begründen, weshalb wir dem, was dort geschehen ist, entgegentreten müssen. Das hat freundlichst Herr Professor Pfleiderer übernommen, und ich bitte ihn nunmehr, das Wort zu ergreifen.

Herr Professor Dr. **Pfleiderer:** Hochverehrte Versammlung! Sie haben soeben den Grund Ihres Hierseins von unserem Herrn Vorsitzenden vernommen, und ich will Sie auch mit der Vorgeschichte dieses Falles nicht lange aufhalten. Den ersten Anlaß dazu hat ein Synodalreferat gegeben, welches Pfarrer Weingart in Osnabrück gehalten hat und in welchem er gegen eine archaistische Sprache der vorgeschlagenen Agende mehrfache Einwendungen zu erheben hatte, weniger in dogmatischer als in geschmacklicher Hinsicht; aber es hat das so unangenehm bei der Kirchenbehörde berührt, daß sie glaubte, daraufhin eine Inquisition über seine Rechtgläubigkeit veranstalten zu sollen, indem sie seine Predigten einforderte, um daraus seinen Standpunkt zu ersehen. Schon dieses Verfahren hat mit Recht Unwillen erregt. Man hat mit Recht gefragt, ob denn überhaupt ein Prediger wegen eines Synodalreferats einen Ketzerprozeß bekommen könne, oder ob nicht vielmehr den Rednern bei einer Synode ebenso gut volle Redefreiheit gewährt werden müsse wie den Rednern in politischen Parlamenten, weil ja ohne diese Gewähr die ganze Veranstaltung zwecklos wäre, es sich nicht erreichen ließe, daß die verschiedenen Richtungen sich gegenseitig aussprechen, verständigen und ein gemeinsames Resultat herbeigeführt werde, wenn nicht jeder seine Meinung aussprechen könnte.

Wieweit nun dieses Vorgehen dem hannoverschen Kirchenrecht entspricht oder nicht, das ist eine Frage, die ich nicht beurteilen kann; darüber mögen andere urteilen. Soviel ist mir aber gewiß, daß schon von Anfang an dieses Vorgehen gegen das Synodalreferat mindestens sehr unfreundlich und hart, dem Geiste der Synodalverfassung wie dem Geiste der evangelischen Kirche widersprechend war. Nun, es erfolgte auf das hin ein erstes Erkenntnis, das bloß auf einen Verweis lautete, und an diesem Erkenntnis ist wenigstens ein Satz beachtenswert, den ich mitteilen möchte wegen des außerordentlich anerkennenden Urteils über den persönlichen Charakter und die Amtsführung des Pastors Weingart. Es heißt in diesem Erkenntnis:

„Es fällt hierbei ins Gewicht nicht bloß, daß die Persönlichkeit des Angeschuldigten sein Suchen nach der göttlichen Wahrheit klar erkennen läßt, sondern auch, daß seine Predigten als solche seine Religionswärme, seine geistliche Begabung, die Gabe erbauender Predigt mannigfach erkennen lassen. Demgemäß haben auch die Zeugen bekundet, daß sich der Angeschuldigte durch seine Wirksamkeit in Osnabrück die Liebe und Anhänglichkeit der Gemeinde in hohem Maße erworben habe, und daß seine Gottesdienste auch von solchen Gemeindemitgliedern gern besucht wurden, welche sich bisher von dem kirchlichen Leben ganz fern gehalten haben.“

Das ist doch wirklich ein geradezu glänzendes Zeugnis über die Persönlichkeit dieses Mannes. Trotzdem hat sich der Ankläger bei diesem relativ noch milden Erkenntnis, bei dem Verweis, nicht beruhigen zu können geglaubt, sondern er hat an die höhere Instanz appelliert, zu welcher auch der Synodalausschuß gehört, und darauf hin glaubte auch Pfarrer Weingart seinerseits Berufung einlegen zu sollen, damit er nicht etwa von dieser neuen Instanz ungehört verurteilt werden könne.

So kam es am 9. November d. J., am Vorabend von Luthers Geburtstag, zu der entscheidenden Verhandlung, in der das zuerst inkriminierte Synodalreferat nur noch eine Nebenrolle spielte und sich zuletzt alles um den einen Punkt drehte: die Frage der Auferstehung Jesu. Man anerkannte auch jetzt von Seiten der Behörde, daß Weingart in seiner Osterpredigt mit Freudigkeit für das Wesentliche in der Heilsthatsache, für den lebenden Jesus eingetreten sei, aber man vermißte die Anerkennung der leiblichen Auferstehung und des leeren Grabes, und darin fand man einen so gravierenden Verstoß gegen fundamentale Glaubenslehren der hannoversch-lutherischen Kirche, daß um deswillen Weingart nicht länger im Amte zu belassen sei. Die Berufung Weingarts auf die theologische Wissenschaft, deren Ergebnisse für seine Auffassung sprechen, scheint ihm bei seinen Richtern nicht nur nichts genützt, sondern eher noch geschadet zu haben. Meinen Sie, fragte man ihn, daß das Bekenntnis nicht durchaus wörtlich zu nehmen sei? Giebt es denn neben den Bekenntnisschriften und der Heiligen

Schrift noch etwas Drittes? Also die theologische Wissenschaft hat nach der Ansicht dieser kirchlichen Behörde bei der Frage nach fundamentalen Wahrheiten unserer Kirche überhaupt nicht mitzusprechen. Die Wahrheit ist für diese Behörde ein für allemal fix und fertig gegeben in den Bekenntnisschriften, und davon darf ein für allemal nicht abgewichen werden. Wenn wir Katholiken wären, so wäre dazu freilich nicht viel zu sagen, wir müßten uns damit beruhigen, denn nach katholischem Prinzip ist das Dogma der Kirche eine göttlich offenbarte Wahrheit und eine unfehlbare Autorität, von der keinerlei Wissenschaft abweichen darf. Ja, das ist gut katholisch gedacht, aber es ist schwer zu verstehen, wie eine protestantische Kirchenbehörde, die sich nach Luthers Namen nennt, diese Ansicht teilen kann. Der Protestantismus hat seinen Namen daher, weil die Reformatoren protestiert haben gegen die Bindung des Gewissens an Menschensatzungen. Oder haben sie etwa das katholische Dogma und seine Autorität nur darum verworfen, um nun ein neues Dogma mit gleich unfehlbarer Autorität ihren Gemeinden aufzuhalsen? Das ist jedenfalls der Sinn der Reformatoren selbst nicht gewesen und überhaupt nicht der Sinn der Verfasser der Bekenntnisschriften. Diese haben vielmehr ausdrücklich erklärt, daß ihre Schriften nicht eine unbedingte Glaubensnorm sein sollen, sondern daß sie nur dem Ausdruck geben, wie die Lehrer ihrer Zeit die Heilige Schrift verstanden haben — also ein Produkt theologischer Reflexion und Arbeit — und daß eben deshalb diese Schriften immer weiterer theologischer Prüfung und Fortbildung — geradezu Verbesserung heißts in einigen Bekenntnisschriften — zu unterwerfen wären, wie auch Melanchthon selbst mit seinem persönlichen Beispiel vorangegangen ist, indem er die von ihm verfaßte Augustana einer späteren Korrektur (Variata) zu unterwerfen sich erlaubte. Also das muß doch ein für allemal feststehen: das Recht der theologischen Wissenschaft auf Prüfung des Buchstabens unserer Bekenntnisschriften ist durch die Reformatoren selbst als ein unumstößliches Recht in unserer Kirche aufgestellt worden, ein Recht, von dem keine Kirchenbehörde abweichen und das sie nicht anzutasten wagen sollte.

Wenn diese Herren nicht nur den Buchstaben der Bekenntnisschriften, sondern zugleich den der Heiligen Schrift als unbedingt bindende Norm aufstellten, so scheinen sie damit vorauszusetzen, daß der Buchstabe der Bekenntnisschriften und der Buchstabe der Heiligen Schrift sich vollständig decken, denn sonst könnten nicht beide zugleich unbedingt bindende Norm sein. In dieser Beziehung befindet sich ein wunderbarer Satz in dem zweiten Erkenntnis, ein Satz, den ich Ihrer besonderen Beachtung empfehlen möchte. Da heißt es:

> „Es ist Pflicht eines jeden Geistlichen der evangelisch-lutherischen Kirche der Provinz Hannover, sich ernstlich zu bemühen, von der Schriftgemäßheit der kirchlichen Bekenntnisse sich innerlich zu überzeugen, um die in letzteren bezeugten, wie in der Heiligen Schrift begründeten Glaubenswahrheiten in ihrem ganzen Umfange getrost und mit freudiger Zuversicht verkünden zu können."

Verba ipsissima!

Um sich von der vorausgesetzten Uebereinstimmung der Bekenntnisschriften und der Heiligen Schrift zu überzeugen, dazu muß man vor allen Dingen die beiden miteinander vergleichen. Man muß also beide gründlich untersuchen und prüfen, wozu eben die theologische Wissenschaft den jungen Kandidaten verhelfen will.

Wenn nun bei solcher gewissenhaften Prüfung der beiderlei Schriften sich eben nicht ergeben sollte, daß beide so unbedingt und völlig sich decken und mit einander harmonieren, was dann? Soll dann etwa der Theologe, der durch wissenschaftliche Arbeit zu dieser Ansicht gekommen ist, die Augen zuschließen vor diesem Zwiespalt, den er hier findet? Aber wenn er das thut, wo bleibt dann die innerliche Ueberzeugung, um die er sich bemühen soll, und wo bleibt die freudige Verkündigung des Wortes, die ihm von seiner Behörde zur Aufgabe gemacht wird, die freudige Verkündigung des Wortes, wenn man sich dabei sagen muß, daß diese Worte der Bekenntnisschriften doch nicht zugleich Worte der Heiligen Schrift sind, daß das Wort der Schrift nicht gleich ist dem der Bekenntnisschriften? Wenn man trotzdem beide mit gleicher Freudigkeit verkünden soll, wie macht man das? Heißt das nicht: die Geistlichen grundsätzlich zur Verleugnung ihres Wahrheitssinnes verurteilen, sie geradezu hineinstoßen in einen peinlichen Zwiespalt zwischen ihren wissenschaftlichen Errungenschaften, ihrer wirklichen Ueberzeugung und der kirchlich geforderten Ueberzeugung, in einen Zwiespalt, der notwendig jede Freudigkeit unterbinden und lahm legen muß? Ich meine, eine solche Praxis, eine solche Forderung eines Kirchenregiments entspricht allem eher als dem Wesen der evangelischen Kirche und ihrem Grundbegriff vom Glauben, der eben eine innerlich feste, gewissenhaft gewonnene Ueberzeugung ist, und nicht bloß ein Fürwahrhalten auf Autorität hin.

Nun sehen wir aber zu, wie steht es wirklich mit der vorausgesetzten Uebereinstimmung zwischen den kirchlichen Bekenntnissen und dem Schriftbuchstaben? Trifft sie wirklich so ganz unbedingt zu? Natürlich kann ich hier nicht auf alles Einzelne eingehen, das würde uns lange über diese Nacht hinaus zusammenhalten. Aber ein Beispiel, das heute gerade nahe liegt durch den Fall Weingart, möchte ich doch hervorheben. Das Bekenntnis lehrt bekanntlich „Auferstehung des Fleisches“. Paulus hat gelehrt: „Fleisch und Blut können nicht das Reich Gottes ererben“ und „das Verwesliche kann nicht erben das Unverwesliche.“ Paulus denkt sich also unter Auferstehung nicht etwa, wie die Pharisäer, eine bloße Wiedererstehung, wenn auch in besserer Auflage, des alten Erdenleibes, sondern er denkt sich darunter eine neue Behausung vom Himmel her, die garnichts zu thun hat mit dem ins Grab gesenkten und der Verwesung anheimgegebenen Erdenleib. Nun ist aber ferner die Auferstehung der Christen nach Paulus nur die Fortsetzung und ein Nachbild der Auferstehung Christi selbst. Also hat er sich auch die Auferstehung Jesu Christi schon aus diesem Grunde nicht denken können als eine Wiederannahme des gekreuzigten und ins Grab gelegten Leibes, sondern als eine Ueberkleidung des Herrn, welcher der Geist ist, mit einem himmlischen Leibe der Herrlichkeit, oder, wie das Wort genau zu übersetzen ist, des Lichtglanzes — wir könnten heute geradezu sagen: mit einem Aetherleibe. Paulus hat — mit einem Worte gesagt — den auferstandenen Christus sich als eine himmlische Lichtgestalt gedacht, eben so wie er sie geschaut hat auf dem Wege nach Damaskus bei der Bekehrung: nicht mit leiblichen Sinnen, — denn wie könnten Sinne von Fleisch eine übersinnliche Geistesgestalt vom Himmel sehen? — sondern geschaut hat er den Herrn der Herrlichkeit mit dem Geistesauge des Glaubens im Zustande der Verzückung, der Ekstase. Darum sagt er, daß Gott es gefallen habe, seinen Sohn in ihm zu offenbaren, und sagt: Gott habe es aufleuchten lassen in seinem Herzen zur Erkenntnis des Lichtglanzes Gottes auf dem Angesicht Christi; wohlverstanden: in seinem Herzen habe Gott es aufleuchten lassen. Sein Schauen Christi war also ebenso gewiß ein geistliches Schauen, eine innere geistliche Erfahrung, wie der Christus, den er geschaut hat, eben nur der Herr war, der Geist ist, der nicht mehr umkleidet ist mit dem Erdenleib, der den Staub dem Staube zurückgegeben hat.

Würde man den Paulus examiniert haben, ob er auch gewiß

glaube an das leere Grab bei Golgatha, so würde ihm diese Frage wahrscheinlich höchst sonderbar erschienen sein, und er würde mit den bekannten Worten geantwortet haben: „Ob wir auch Christum gekannt haben nach dem Fleisch, so kennen wir ihn doch jetzt nicht mehr so, denn das Alte ist vergangen, siehe, es ist alles neu geworden!“

Aber die anderen Jünger, fragt man, haben sie nicht wenigstens den Auferstandenen mit leiblichen Augen gesehen und mit eigenen Händen seine Wundenmahle betastet? Nun, wie es sich damit eigentlich verhalten hat, darüber müssen wir wieder bei den ältesten Zeugen, bei Paulus, uns erkundigen. Paulus aber stellt die ihm widerfahrene Christuserscheinung in eine Linie mit denen, die den ersten Aposteln widerfahren seien. (1. Korinther 15.) Er hat sich offenbar diese Erscheinungen vor den ältesten Aposteln genau nach derselben Art gedacht, wie sie ihm auf dem Wege nach Damaskus widerfahren ist. Er spricht davon mit demselben Ausdruck: Christus „ward gesehen“ von Petrus und den anderen. Also er denkt sich auch dies als Vision, als Schauen mit dem inneren Auge des Geistes; und damit stimmt auch der älteste Evangelist Marcus insoweit wenigstens überein, als auch er nichts berichtet von einer Erscheinung Christi am Grabe, sondern er läßt dort die Jünger hinweggewiesen werden nach Galiläa, dort werden sie den Auferstandenen schauen. Nun, wenn erst Galiläa der Platz war, wo Petrus und die anderen Apostel ihre Christuserscheinung hatten, so folgt daraus ganz offenbar, daß auch diese Christusvision der ältesten Apostel ebensowenig mit dem leeren Grabe bei Golgatha etwas zu thun haben konnte, wie die Christusvision des Paulus auf dem Wege nach Damaskus. Wenn wir ferner erwägen, daß Paulus in seinen Berichten, wo er die ältesten Zeugen der Auferstehung aufzählt, 1. Korinther 15, keine Silbe berichtet von einer Erscheinung Christi vor den Frauen am Grabe, so ist das doch ein Punkt, der recht zu denken giebt. Wie erklären Sie sich denn dieses Schweigen in einem Zusammenhang, wo Paulus offenbar beflissen ist, alle ältesten Zeugen aufzuzählen? Da schweigt er gänzlich von dem, was die Frauen am Grabe gesehen haben sollen! Nun, ich muß gestehen, ich weiß es nicht anders zu erklären als einfach daraus, daß Paulus davon nichts gewußt hat. Dann kann er also auch von den Uraposteln, von denen er seine sonstige Kunde von der Christuserscheinung gehabt hat, über diese Erscheinung vor den Frauen am Grabe nichts erfahren haben; und daraus folgt also, daß man damals überhaupt noch nichts davon wußte, daß also die Sage von dem

Befund des leeren Grabes durch die Frauen am Ostermorgen erst später aufgekommen ist und ohne allen Zusammenhang mit den galiläischen Erscheinungen, von denen Paulus uns berichtet. War aber einmal jene Sage von dem Befund des leeren Grabes durch die Frauen aufgekommen, dann lag es allerdings sehr nahe, daß man nun diese Sage mit den Erscheinungen vor den Jüngern irgendwie kombinierte, in der Art, daß man nun Christus aus dem leeren Grabe hervorgehen ließ — und eben damit eine gröbere, sinnlichere Auffassung der Auferstehung an die Stelle der ursprünglichen paulinischen setzte. Damit war dann der Boden gegeben, auf welchem die Ostererzählung der späteren Evangelisten erwachsen konnte, jene Erzählung, wie Christus gleich am Ostermorgen selbst den Jüngern und Jüngerinnen erschienen sei, mit ihnen länger verkehrt, sogar mit ihnen gegessen habe, was ja unleugbar einen grobsinnlichen Leib voraussetzen würde, wozu freilich nun andere Züge gar nicht passen wollen: sein plötzliches Kommen und Verschwinden, sein Hindurchgehen durch verschlossene Thüren und vollends sein Hinauffahren gen Himmel.

Eben aus diesen widersprechenden Zügen der späteren evangelistischen Erzählungen ersieht man doch ganz dentlich, daß wir hier sekundäre Sagen späteren Ursprungs vor uns sehen, zu welchen die poetische Intuition und apologetische Reflexion der Urgemeinde mitgewirkt haben mögen.

Das wird über die Sache wohl genügen. Sie ist im Grunde äußerst einfach. Wollen Sie sich weiter darüber belehren, so nenne ich Ihnen Weitzsäcker: „Apostolisches Zeitalter", Holtzmann's Kommentare und „neutestamentliche Theologie", auch mein „Urchristentum".

Für heute wird das Gesagte genügen. Nun möchte ich fragen: Sind das nun wirklich bloße subjektive Anschauungen, die man dem armen Pastor Weingart in Hannover vorgeworfen hat? Ich denke nicht, sondern das sind Ergebnisse einer nüchternen, verständigen Prüfung der Quellen, welche die widersprechenden Erzählungen zunächst einmal mit einander konfrontiert, dann sie beurteilt nach dem Maßstab des ältesten Zeugenberichts des Paulus, und auf Grund dieser ursprünglichen Auffassung von der Sache die Entstehung der späteren massiveren Sagengebilde zu erklären sucht. Das ist die Methode jeder geschichtlichen Forschung, wo Erzählungen über denselben Gegenstand vorliegen, die sich widersprechen. Da ist es Pflicht und Schuldigkeit des Historikers, daß er die verschiedenen Quellen konfrontiert, untersucht: Was ist nun hier der ursprüngliche Thatbestand, was ist das Aelteste und wie erklärt sich die Entstehung der späteren Berichte? So verfährt jeder Historiker. Warum denn nun hier nicht so auf diesem allerwichtigsten Geschichtsgebiet, bei der Frage nach dem Ursprung des Christentums? Ja, warum? Darauf pflegen wir die Antwort zu vernehmen: Weil das Heilsthatsachen sind, Heilsthatsachen, an welchen Leben und Seeligkeit des Christen hängt, auf welchen die Kirche aufgebaut ist, an welche kein Zweifel sich wagen darf, die von keiner Wissenschaft bestritten werden dürfen.

Nun, wir können die Motive dieser Rede verstehen und bis zu einem gewissen Grade auch achten, aber überzeugen werden sie uns nicht, aus dem einfachen Grunde nicht, weil wir einsehen, daß dabei Mißverständnisse der allerbedenklichsten Art mit unterlaufen. Ist denn wirklich — so müssen wir fragen — das leere Grab bei Golgatha, die Greifbarkeit des Auferstehungsleibes Christi eine Heilsthatsache, d. h. eine Thatsache, auf welcher unser religiöses Heil beruht? Aber dann würde ja Paulus, der von jenen angeblichen Heilsthatsachen, wie wir eben gesehen haben, noch garnichts gewußt hat, nicht den rechten, seligmachenden Glauben gehabt haben, sondern würde ebenfalls wegen bedenklicher Häresie von einem modernen Konsistorium verdonnert werden müssen. Und ferner: wie hätte der Herr Jesus Christus seine Jünger **noch bei Lebzeiten** — beachten Sie das — selig preisen können darum, daß sie sehen und hören dürfen, was ihre Väter vergeblich zu sehen und vergebens zu hören ersehnt haben? Er pries sie selig, ohne daß sie etwas wußten von seinem leeren Grabe und seinem greifbaren Auferstehungsleib, weil sie überhaupt noch nichts wußten von seiner Auferstehung. Sie dachten noch garnicht an den Tod und die Auferstehung Jesu, viel weniger konnten sie von dem Modus der letzteren irgend eine Ahnung haben, und doch pries der Herr sie selig! Sie kannten ihn damals nur als den Prediger von Gottes Gnaden, den Heiland der Sünder, den Tröster der Mühseligen und Beladenen, und nur was sie von dem **lebenden** Herrn hörten, das gewann ihm ihre Herzen, sodaß sie sprachen: Herr, wohin sollten wir gehen, du allein hast Worte des ewigen Lebens. War denn also für jene ersten Jünger der Auferstehungsleib die Heilsthatsache oder war es nicht vielmehr das **Wort** des Lebens, was sie von ihrem Herrn gehört und das in ihren Herzen neues Leben weckte, ja überhaupt der ganze Eindruck seiner Persönlichkeit, der ihren Glauben weckte, ihre vertrauende Liebe zu ihm, und damit ihr Gefühl mit einer höheren Befriedigung beseelte? Ja, ich denke, so wird es sich verhalten und dagegen wird von keiner theologischen Behörde irgend etwas einzuwenden sein. Jene Jünger wurden vom Herrn selbst selig gepriesen wegen ihres Glaubens an sein Wort und seine leibhaftige Person, ohne irgend eine entfernte Ahnung von seiner Auferstehung überhaupt, geschweige denn von einem Modus derselben, von dem leeren Grabe, von dem greifbaren Leib und allem, was drum und dran hängt.

Also im geistlichen innern Erfahren bestand die Heilsthatsache bei den ersten Jüngern. Sollte sie nicht für die heutige Christenheit auch noch darin bestehen? Wenn doch das Christentum die Religion des Geistes und der Wahrheit ist, wird dann nicht auch das christliche Heil in einer geistlichen Erfahrung bestehen, in einem inneren Erlebnis unseres eigenen religiösen Geistes? Alle äußeren Thatsachen können zu Heilsthatsachen nur werden durch die Deutung, die der Glaube ihnen giebt. An und für sich als bloßes äußeres Geschehen ist kein Ereignis in Raum und Zeit, es möge sein, welches es wolle, natürlicher oder übernatürlicher Art, kein Ereignis in Raum und Zeit ist für sich als rein äußerliches sinnlich wahrnehmbares Geschehen eine Heilsthatsache. Es bekommt immer erst diese Bedeutung durch den deutenden Glauben, durch den Eindruck, den der Glaube innerlich empfängt.

Nehmen wir ein Beispiel. Der Kreuzestod des Herrn gilt uns als Heilsthatsache. Aber war er eine Heilsthatsache für alle diejenigen, die unter dem Kreuz standen, für die Hohenpriester und Schriftgelehrten, die seiner spotteten? Nein, sondern nur für die Jünger, die mit Augen des Glaubens diesen Tod im Lichte des göttlichen Heilswillens deuteten. Oder die Heilungsthaten des Herrn: waren sie Heilsthatsachen für jene Pharisäer, welche ihn des Bündnisses mit Beelzebub beschuldigten? Gewiß nicht, sondern nur für die Jünger, welche in dieser Heilungsthat den Finger oder den Geist Gottes wirken sahen.

Nun, ganz ebenso ist es mit der Heilsbedeutung der Auferstehung. Sie liegt nicht im leeren Grabe und greifbaren Leibe, sondern sie liegt in der Glaubenserfahrung, in dem Bewußtsein des Glaubens, daß der Herr lebe als überirdischer Geist, und dieses Glaubensbewußtsein beruhte damals wie heute auf dem innern Sichberührtfühlen von seinem Geiste, auf der Geistesgemeinschaft mit ihm. Das ist *die* Heilsthatsache, die einzige wirkliche Heilsthatsache im evangelischen Sinne des Wortes. Wenn man aber sonst von äußeren Wundern als von Heilsthatsachen spricht, so beruht das auf Mißverstand und Irrtum. Solange das Christentum eine Religion des Geistes ist, solange muß mit aller Entschiedenheit gegen diese Verkümmerung seines wahren Wesens protestirt werden, als ob es Heilsthatsachen auf dem Gebiete der Sinne geben würde, anstatt auf dem Gebiete des inneren, des religiösen und sittlichen Geistes, der sich von Gott und seinem Worte nnd von dem Worte Christi als des Herrn, der Geist ist, innerlich ergriffen fühlt.

Wenn dem so ist, dann erhebt sich allerdings die Frage, die ich heute nicht ganz unterdrücken kann: Woher kommt denn die so weit verbreitete Wertlegung auf äußere Wunder und Zeichen, als ob sie entscheidende Heilsthatsachen wären? Man wird gut thun, sich darüber klar zu werden. Vielleicht liegt ein Grund dessen, daß man über den Sinn geistlicher Heilsthatsachen in der christlichen Welt noch so merkwürdig im Dunkeln ist, darin, daß man sich über diese historischen Thatsachen, woher das Wertlegen auf Zeichen und Wunder kommt, viel zu wenig Antwort gegeben hat. Wie mir scheint, liegt der Grund des quid pro quo — denn dieses liegt thatsächlich vor, bei der Verwechselung von äußerlichen, sinnlichen Sagen und inneren Heilserfahrungen — also wie mir scheint, beruht der Grund dieses quid pro quo auf einem allgemeinen psychologischen Gesetze, das Sie alle kennen, nach dem wir gewohnt sind, innere Empfindungs- und Gefühlszustände auf die äußere Welt der Dinge zu übertragen. Lassen Sie mich nur wenige Beispiele zur Veranschaulichung geben. Wir wissen alle, daß der Ton und das Licht und die Farbe nicht außer uns liegen in den Dingen, etwa in den Luftwellen und Aetherschwingungen, sondern daß sie erst entstehen in unserem percipirenden Sinn, in unserer Seele, welche durch den äußeren Reiz des Organs veranlaßt wird, diese Empfindung zu produzieren. Und doch reden wir von tönenden Saiten, als ob der Ton in den Saiten läge, und wir nennen alle den Himmel blau, als ob er mit blauer Farbe angestrichen wäre. Wir projiciren unsere rein inneren Empfindungen auf solche Dinge, denen sie durchaus nicht zukommen. Oder wir nennen die Natur traurig und heiter, als ob sie mit unserer Seele sympathisieren würde, — und doch versichern uns die Naturforscher — und ich glaube sie haben recht — daß die Natur weder traurig noch heiter, sondern gegen unsere Gefühlszustände höchst indifferent sei. Aber was machen gar erst die Dichter? Die legen ihre Seele in alles hinein; was sich um sie her regt und bewegt; vom murmelnden Quell und rauschenden Baum vernehmen sie Stimmen, die ihnen zuflüstern Trost und Ermuthigung, Stimmen, die schließlich doch nichts anderes sind, als das Echo der Stimme in ihrer eigenen Brust.

Nun, daraus entstehen alle jene Märchen und Sagen, Legenden und Mythen der Völkerwelt, die überall auf's engste mit der Religion zusammenhängen. Denn vergessen wir nicht: der religiöse Geist ist von Haus aus auch ein gar dichterischer Geist. Es ist ihm unwillkürliches Bedürfnis, die geheimnisvolle Welt seines Innern hinaus zu verlegen in die äußere Welt der Dinge. So sieht er in allem, auch in dem unbedeutendsten Vorgang, wie z. B. in einem Vogelflug, Zeichen und Boten der geheimnisvollen Macht, von der er sich abhängig fühlt. Das thut die Religion auf allen Kulturstufen, schon auf den niedrigsten. Es muß also wohl in der Natur des religiösen Menschen liegen.

Und nun gar, wenn höhere sittliche Kräfte in Wirksamkeit treten innerhalb der Geschichte, wenn der Zauber einer gottbegnadeten Persönlichkeit alle ergreift und sie unwillkürlich über sich hinaushebt in eine höhere Welt, sie erfüllt mit der Ahnung einer Welt des Wahren und des Guten, zu welcher kein Leiden der Erde hindringt, und sie begeistert zu Thaten und Opfern unerhörter Art: da ist es ganz natürlich, daß der Glaube dieses wunderbare Leben, das er *in sich selbst* trägt und ist, auch hinausschaut in die äußere Welt, und daß er also darum in der äußeren Welt Wunder über Wunder erwartet. „Das Wunder ist des Glaubens liebstes Kind“, sagt Goethe, und er hat vollkommen recht, denn das Wunder ist gar nichts anderes als eben die Veranschaulichung dessen, was der Glaube seinem Wesen nach ist, seiner weltüberwiegenden Macht, Veranschaulichung in einem äußeren Sinnbild.

So erklärt sich ganz natürlich, daß überall da, wo originelle religiöse Geister auftreten und die Welt mächtig erregen und bewegen, die Wunder und Sagen aufsprießen wie die Blumen des Feldes nach dem belebenden Frühlingsregen.

Wenn wir nun so die Entstehung der Wunder und Sagen begreifen aus dem religiösen Gemüt und aus der dichterisch-schöpferischen Phantasie, werden wir da nicht sympathisieren mit diesen schönen idealen Erzählungen? In der That, ich meine, es muß ein stumpfsinniger Mensch oder doch ein dürrer Pedant sein, der sich nicht freuen könnte an diesen sinnigen Erzählungen, z. B. der Ostererlebnisse, diesen Erzählungen, in welchen der Glaube seinen Sieg über die

Welt, sein Hindurchgedrungensein aus der Nacht zum Licht, aus dem Tod zum Leben selbst veranschaulicht hat, an den Idyllen, wie der Herr als der Auferstandene erschien bei den Jüngern und Jüngerinnen, mit ihnen verkehrt hat und in seligem Schauer der Andacht das Abendmahl mit ihnen genossen hat, oder an jenen anderen Erzählungen am Eingang der heiligen Geschichte, wo das Wunder der Person Jesu selbst gefeiert wird durch jene Wunder: die Verkündigung seiner Geburt an Maria, das Kommen der himmlischen Heerscharen, welche der streit- und leidvollen Erde den Friedensgruß des Himmels zurufen. Ja, gewiß, diese schönen sinnigen Erzählungen werden der Christenheit immer wertvoll bleiben; denn eben diese Sprache heiliger Dichtung ist es, in welcher die tiefsten und höchsten Wahrheiten, die kein Verstand der Verständigen je ganz zu ergründen vermag, in der schlichtesten einfältigsten Sprache für das Gemüt auch der Unmündigen verständlich und anschaulich werden. Und darum wird auch der evangelische Geistliche diese Erzählungen mit zarter Pietät und mit pädagogischer Weisheit behandeln. Er wird, wenn er an einem Kirchenfest über solchen Text zu predigen hat, sich gewiß dessen erinnern, daß hier nicht der Ort ist zu wissenschaftlichen Untersuchungen, was an der Erzählung reine Geschichte und was symbolische, ideale Sage und Zuthat sei, daß hier dazu nicht der Ort ist, einfach darum, weil die Kirche nicht ein Hörsaal der Wissenschaft, sondern eine Stätte der Erbauung für alle sein will und weil zur feiernden Gemeinde nicht bloß die Wissenden gehören, sondern auch manche Unmündige, auf welche der Prediger Rücksicht zu nehmen und an deren Fähigkeit zu fassen er seine Worte anzupassen hat. Wie Paulus von sich gesagt hat, daß er den Juden ein Jude und den Griechen ein Grieche geworden sei, um alle zu gewinnen für das Evangelium, so kann auch die evangelische Kirche von ihren Dienern fordern, daß sie mit liebevoller und weiser Besonnenheit diese Dinge behandeln und ihre Rede anpassen dem Verständnis aller, also auch der Unmündigen, um keinen zu ärgern, sondern alle womöglich zu gewinnen, einen jeden in seiner Sprache.

Das hat auch Prediger Weingart ausdrücklich anerkannt, und er hat vor der Behörde versprochen, sich einer besonnenen, taktvollen Form in der Behandlung der heiligen Dinge bei öffentlichen Vorträgen künftig noch mehr als bisher zu befleißigen, indem er zugab, daß er es hier und da in jugendlichem Eifer, von seinem Temperament hingerissen, etwas an Takt und Vorsicht habe fehlen lassen. Nun, ich glaube, bei solchem Versprechen hätte sich ein weises Kirchenregiment ohne weiteres beruhigen sollen. Es müßte ihm überall genügen, wenn der Prediger bei solchen Texten das, was er für sagenhafte Form und Zuthat hält, für Einkleidung der idealen Wahrheit, ohne direkte Kritik einfach dahingestellt sein läßt, um nur den positiven und idealen Wahrheitsgehalt zu entwickeln. Mögen dann immerhin die Gebildeten unter seinen Hörern aus dieser diskreten Behandlung der Wundergeschichten eine indirekte Verneinung ihrer äußerlichen Geschichtlichkeit herausmerken, so schadet ihnen das garnichts; im Gegenteil, ihre Erbauung wird nur um so reiner und ungestörter sein, wenn sie nicht behelligt werden, mit der ihnen fatalen Zumutung, an das äußere Wunder als solches glauben zu sollen; denn eine derartige Zumutung orthodoxer Apologetik wirkt auf solche Zuhörer, die nun einmal auf dem Standpunkt der modernen wissenschaftlichen Weltanschauung stehen, erfahrungsgemäß immer wie ein Strahl kalten Wassers, welcher jede Feststimmung zerstört, jede freudige Aufschwingung zur ewigen Welt des Guten und des Wahren erschwert und unmöglich macht.

Darum ist ganz natürlich, daß gebildete Gemeinden eben solche Prediger haben wollen, die durch wissenschaftliche theologische Bildung in den Stand gesetzt sind, zu unterscheiden zwischen Form und Inhalt, zwischen Sache und Bild, zwischen dem bleibend Wahren und der vergänglichen Hülle und Einkleidung, Prediger, die dadurch in den Stand gesetzt sind, ihnen die ideale Wahrheit des Evangeliums in der für sie genießbaren Form zu verkünden, also ohne Zumutung des Glaubens an die bloße Hülle und Einkleidung, an das Wunder.

Dieses Verlangen gebildeter Gemeinden nach solchen gleichgesinnten Geistlichen finde ich so durchaus natürlich und billig, daß ich wirklich nicht verstehen kann, wie eine Kirchenbehörde sich dem zu widersetzen vermag, wie eine Kirchenbehörde einen Geistlichen gerade nur darum für unwürdig zur Amtsführung zu erklären vermag, weil er durch seine Bildung im Stande ist, sich auf den Standpunkt seiner Gemeinde zu versetzen und deren Vertrauen zu verdienen. Froh sein müßte ein Kirchenregiment, wenn wir viele solcher Geistlichen hätten, sehr viele solcher wissenschaftlich gebildeten Geistlichen, welche unserem skeptischen Zeitalter die ewige Wahrheit des Evangeliums in neuen Zungen verkünden könnten. Aber das war leider nicht die Meinung des hannoverschen Konsistoriums, sondern dieses Konsistorium hat gerade das dem Prediger Weingart zum schweren Verbrechen angerechnet, daß er seine wissenschaftliche Ueberzeugung in seinem amtlichen Wirken nicht verleugnen wollte, daß er nicht das als geschichtliche Heilsthatsache anerkennen wollte, was nach seiner wohlbegründeten wissenschaftlichen Ansicht nur eine sagenhafte Einkleidungsform für die innere geistliche Heilsthatsache des Glaubens sei.

In diesem Verfahren der Kirchenbehörde läßt sich ein doppeltes als möglich voraussetzen: entweder, diese Kirchenbehörde will von ihren Geistlichen direkt eine Verleugnung ihrer wissenschaftlichen Ueberzeugung fordern, verführt sie also geradezu zur Unwahrhaftigkeit, oder aber — denn es bleibt noch ein Oder und ich lasse es ganz dahin gestellt, ich weiß nicht, was von beiden gelten mag, entweder das Eine oder das Andere, das steht mir fest, denn ich sehe kein tertium — also entweder sie weiß, daß ihre Geistlichen wissenschaftlich gebildet sind und über die Heilsthatsache anders denken, aber sie fordert, daß diese Ueberzeugung von ihnen verleugnet wird, daß sie unwahr gegen sich und gegen die Gemeinde sind — oder aber diese Kirchenbehörde will überhaupt nur solche Prediger als würdig des Kirchenamtes zulassen, die durch keine Zweifel, keine wissenschaftliche Schulung und Bildung hindurchgegangen sind, sondern die einfach den naiven Kindesglauben haben, der, ohne zu unterscheiden zwischen Bild und Sache, selbstverständlich diese schönen Erzählungen für wahre Geschichte hält. Das ist die andere Möglichkeit. Wir müssen gestehen, daß wir diesen Standpunkt eines evangelischen Kirchenregiments so wie so, in jedem der beiden Fälle, für höchst bedenklich, geradezu verhängnißvoll halten. Denn machen Sie sich nur einmal klar, zu welchen Konsequenzen das eigentlich führt, insbesondere dieser letztere Fall. Man will keine Geistlichen, die über diese Dinge anders denken, als der naive Kindesglaube zu thun pflegt, die irgendwie unterscheiden zwischen Bild und Sache, irgend welche Zweifel haben an der wirklichen Wahrheit der Erzählung, die will man nicht. Was folgt daraus? Unbedingt das, daß man solchen Geistlichen jeden Genuß vom Baum der Erkenntnis rundweg verbieten muß; denn das ist nun einmal nicht anders: Die Wissenschaft muß Zweifel haben, sie darf gar nicht über das Bedenkliche dieser Erzählungen, über die Unwahrscheinlichkeiten, die Unmöglichkeiten einen Schleier breiten. Sie muß, um ihre pflichtmäßige Aufgabe der Wahrheitserkenntnis zu erfüllen, allen diesen bedenklichen Punkten nachgehen bis auf den Grund. Wo bleibt da der naive Kindesglaube? Er geht bei allen verloren, die überhaupt durch die Schule der Theologie hindurchgegangen sind;

selbst wenn sie nachher mit Ach und Krach zum orthodoxen Glauben sich durchwinden — der ungebrochene Kindesglaube ist das lange, lange nicht! Das ist eben die Aufgabe der Wissenschaft; und wenn also die Theologie Wissenschaft sein soll, oder soweit sie es sein soll, so ist es auch ihre Aufgabe, mit unerbittlicher Kritik zu scheiden zwischen Sein und Schein, zwischen dem wirklich ursprünglichen Thatbestand des Geschehenen und den mannigfachen Auffassungen der Berichterstatter, den poetischen Zuthaten, den Dichtungen.

Es ist also einfach unmöglich, daß ein Geistlicher, der durch die Schule der theologischen Bildung hindurchgegangen ist, den einfältigen ungebrochenen Kindesglauben bewahrt, daß er die Sage für wahre, reale Geschichte bis auf den Buchstaben annimmt. Eine Kirche, die von ihren Dienern einen solchen Glauben fordern zu müssen meint, der bleibt nichts anderes übrig, als die theologische Wissenschaft nicht etwa bloß zu ignorieren — das thut sie leider jetzt schon nur zu viel — sondern einfach die theologische Wissenschaft klipp und klar in Acht und Bann zu erklären, ihren Dienern jede wissenschaftliche Vorbildung rundweg zu verbieten, sie von den Universitäten fern zu halten, um sie in Priesterseminaren in dem Autoritätsglauben zu erziehen. So macht es thatsächlich die katholische Kirche, die kluge, konsequente, die weiß, welche Mittel man brauchen muß, um zu dem Zweck zu kommen. Aber wenn die evangelische Kirche ihr auf diesem Wege nachfolgen wollte, so würde sie einen Bruch begehen mit der ganzen Geschichte und dem ganzen Geist des Protestantismus; sie würde nicht mehr fähig sein, die Aufgabe, zu welcher sie da ist in der Welt, zu erfüllen, die Aufgabe, die Pflegerin des religiösen Geisteslebens in dem lebendigen Geschlecht der Gegenwart zu sein.

Denken Sie doch einmal: wie könnten Geistliche, die von dem Wissen unserer Zeit ferngehalten, dem gebildeten Bewußtsein der Gegenwart gänzlich entfremdet wären — wie könnten solche Geistliche das Vertrauen heutiger gebildeter Gemeinden überhaupt gewinnen? wie könnten sie nur die Bedürfnisse ihrer Gemeinden verstehen, deren Sprache reden? wie könnten sie, die von keinem Zweifel jemals angefochten gewesen, die Zweifelnden verstehen und zurechtweisen? wie könnten sie den Unglauben ihrer Zeit überwinden und die Irregewordenen zu Gott und Christus zurückführen, wenn sie nicht ahnen würden, worin die Quellen dieses Unglaubens so vielfach liegen? Denn mit dem bloßen Verdammen der Ungläubigen ist es zwar leicht und bequem, aber damit kommt man nicht weit. Ich frage: wie könnte unsere Kirche die hohe Aufgabe erfüllen, die Religion unserem ganzen Volke zu erhalten, wenn sie gerade den Teil der Gemeinde, der aus den führenden Kreisen besteht, die Wissenden, die Gebildeten, die mit der modernen Weltanschauung vertraut sind, von sich stoßen würde? Und sie müßte diesen Teil von sich stoßen, wenn sie nur solche Geistliche duldete, die ohne wissenschaftliche Bildung nur in blindem oder naivem Kindesglauben herangezogen würden. „Wenn das Salz dumm wird, womit soll man salzen?“ Wenn die evangelische Kirche ihr Palladium preisgiebt, den Wahrheitssinn, der mit aller echten und ehrlichen Wissenschaft Fühlung behält, der mit dem Fortschreiten der menschlichen Kultur selbst auch Schritt hält in ehrlichem und ernstem Streben nach immer tieferer und reinerer Wahrheitserkenntnis — wenn unsere Kirche diesen ehrlichen, protestantischen Wahrheitssinn, ihr Palladium, preisgiebt, um sich unter den Schutz und Schirm einer unevangelischen buchstäblichen Autorität zu flüchten und da Ruhe zu finden vor den Stürmen und Kämpfen der Welt und der Zeit — was soll da aus dem Protestantismus werden? Was soll werden aus der Religion unseres deutschen Volkes und Vaterlandes? Das ist der furchtbare Ernst dieser Frage Weingart. Es ist, als ob mit blitzartiger Klarheit der Abgrund uns vor die Seele träte, auf welchen unsere protestantische Kirche unter der Leitung eines reaktionären Kirchenregimentes hintreibt. Soll denn wirklich, so hat schon Schleiermacher gefragt, der Knoten der Weltgeschichte so auseinandergehen: die Bildung mit dem Unglauben und der Glaube mit der Barbarei? In der That, in jenem krampfhaften Haften und Hängen an dem Aeußerlichsten und Peripherischen der Ueberlieferung, an den sogenannten Heilsthatsachen der Sinne, und dem Uebersehen der wahren Heilsthatsachen des Geistes, des innerlichen Erlebens — darin verrät sich jener verhängnisvolle Zug zum religiösen Materialismus oder Aberglauben, der das genaue Seitenstück — Geschwister, möchte ich sagen — zum irreligiösen Materialismus des Unglaubens bildet. Es verrät sich darin der Zug zur Materialisierung der Religion, der der volle Widerspruch ist mit dem Wesen des Christentums als der Religion des Geistes und der Wahrheit, ein Widerspruch mit dem Wesen der Reformation, die die Heilsgewißheit gesetzt hat in das innerste Glaubensbewußtsein, in die persönliche innerliche Ueberzeugung jedes Einzelnen; ein Widerspruch aber auch mit dem ganzen Geiste unserer Zeit, die vor dem Wunderglauben um so mehr zurückscheut, je mehr man ihr denselben aufdrängen und gar zur Glaubenspflicht machen will.

Diesem fatalen Zug zum Materialisieren und Veräußerlichen der Religion entgegenzutreten und zu wehren, das ist die spezifische Aufgabe der theologischen Wissenschaft, und sie erfüllt diese Aufgabe durch ihr Kritiküben, das heißt ihr Unterscheiden zwischen der bloßen Form und Hülle und dem eigentlichen bleibenden Gehalt der Sache, der Wahrheit. Diese Aufgabe zu erfüllen, ist heute so nötig und so heilsam, wie nur jemals, und darum muß die theologische Wissenschaft auf ihrem Hausrecht in der protestantischen Kirche bestehen und darf es sich nicht gefallen lassen, daß sie in der — nun, ich weiß keinen parlamentarischen Ausdruck — in solcher Weise an die Wand gedrückt und als quantité négligeable behandelt wird, wie das in eklatantester Weise hier in Hannover geschehen ist. Soll das immer so fortgehen? Sollen immer wieder freier denkende Gemeinden, deren Geistliche wissenschaftlich gebildete Theologen sind, zusammen mit diesen bestraft werden für ihre wissenschaftliche Bildung — denn darauf kommt es zuletzt hinaus — oder ist dies ein Unwesen, dem endlich einmal das protestantische Volk ein Ende machen sollte?

Hoffen wir, daß solche Fälle innerhalb des preußischen Staates immer weniger möglich werden. Ich meine, wir sollten das hoffen dürfen unter der erleuchteten Regierung eines Fürsten, der zu seinem großen Vorbild Friedrich den Großen gemacht hat, einen König, unter dessen Verdiensten um sein Land nicht das das kleinste ist, daß er jeden Bürger nach seiner Façon selig werden lassen wollte. Ich möchte mir nicht als möglich denken, daß die Regierung unseres Königs und Kaisers, dessen Politik bekanntlich unter der stolzen Devise segelt: Voraus mit Volldampf! gleichzeitig mit einem rückständigen Kirchenregiment sympathisieren könnte, einem Kirchenregimente, das nicht vorwärts gerichtet ist, sondern grundsätzlich nach rückwärts, einem Kirchenregiment, dessen Auge nur hängt an Zeichen und Wunder der Vergangenheit und die Zeichen *dieser* Zeit gründlich übersieht, einem Kirchenregiment, das eifert für das leere Grab und für den greifbaren Auferstehungsleib und für die toten Buchstaben und darüber eins vergißt, eins verleugnet: das ist der Geist des Herrn, der Leben ist und Freiheit! (Lebhafter anhaltender Beifall.)

Jetzt möchte ich mir noch erlauben, verehrte Versammlung, Ihnen eine Resolution vorzutragen, über welche die maßgebenden Herren einig geworden sind und für welche wir um Ihre Zustimmung bitten möchten, damit sie als ausgesprochene Willensmeinung der Versammelten in die Presse kommt.

Resolution.

Prediger Weingart in Osnabrück, der sich stets der Achtung und des Vertrauens seiner Gemeinde zu erfreuen hatte, ist durch Erkenntnis des hannoverschen Landes-konsistoriums seines Amtes enthoben worden, weil er in Predigten eine Auffassung von Christi Auferstehung und Himmelfahrt ausgesprochen hatte, von deren wissenschaftlichem Rechte er sich überzeugt hielt, die aber nach Ansicht des Konsistoriums vom Buchstaben des Bekenntnisses abweiche.

Wir heute hier Versammelten fühlen uns gedrungen, unserem lebhaften Bedauern über dieses Vorgehen des hannoverschen Konsistoriums Ausdruck zu geben. Wir erblicken in demselben einen auffallenden Widerspruch mit dem Wesen der evangelischen Kirche, die von jeher die Prüfung des Bekenntnisses an der heiligen Schrift und das ernste Forschen in der heiligen Schrift ihren Dienern zur Pflicht gemacht hat und folgerichtig auch die besonnene Verwerthung der Ergebnisse dieser Forschung in der kirchlichen Verkündigung nicht für unzulässig erklären kann.

Wir fürchten als unausbleibliche Folge jenes unduldsamen Vorgehens der Kirchenbehörde eine schwere Schädigung des kirchlichen Lebens: Der Wahrheitssinn der Geistlichen wird unterdrückt, das Vertrauen der Gemeinden zu ihnen untergraben, der Zwiespalt zwischen Kirche und weltlicher Bildung zur unüberbrückbaren Kluft erweitert und durch alles dieses die Erfüllung der Aufgabe der Kirche in der Arbeit an der sittlichen Bildung unseres Volkes gehemmt werden.

Wir fordern daher alle unsere Gesinnungsgenossen auf, dem unduldsamen und unevangelischen Vorgehen einer engherzigen Kirchenbehörde in diesem und jedem ähnlichen Falle mit allen gesetzlichen Mitteln unbeugsamen Widerstand entgegenzusetzen und wir erwarten von den zuständigen Organen der preußischen Kirchenregierung, daß sie das Eindringen solchen unduldsamen Geistes in die Landeskirche der alten preußischen Provinzen nicht gestatte.

Prediger **Schmeidler:** Hochgeehrte Versammlung! Gestatten Sie ein kurzes Wort mir als dem gegenwärtigen Vorsitzenden des Berliner Unionsvereins, des Vereins, der seit 50 Jahren für diejenigen Anschauungen eintritt, welche heute für diese Versammlung maßgebend gewesen sind, und nicht ganz ohne Erfolg; denn wir dürfen anerkennen, daß in der preußischen Landeskirche die Dinge etwas besser stehen, als in der hannoverschen. Gerade durch das Bestehen einer solchen Vereinigung, wie es der Unionsverein ist, hat sich zwischen rechts und links eine immer größere Abstufung und Schattierung von Anschauungen gebildet, welche durchaus unmöglich machen, daß die Herrschaft des starren Buchstabens auch in Preußen aufrechterhalten und durchgeführt werde, und daher haben auch frühere Versuche, gegen Geistliche der preußischen Landeskirche in gleicher Weise vorzugehen, nicht zu einem derartigen Ergebnis führen können. wie es jetzt im Falle Weingart eingetreten ist, auch wenn unserem Standpunkt gegenüber keineswegs von Anerkennung, sondern höchstens von widerwilliger Duldung dessen, was sich nicht ändern läßt, die Rede sein kann.

Aber wir dürfen uns auch darüber nicht täuschen, daß auch in der preußischen Landeskirche eine weitverzweigte und große Partei besteht, welche die hannoversche Kirche um ein Kirchenregiment beneidet, welches mit der Auffassung, die es hat, zugleich die Konsequenz verbindet, auch thatsächlich gegen Geistliche vorzugehen, welche dieser Auffassung nicht zustimmen, und wir dürfen nicht verkennen, daß diese auch in Preußen bestehende Partei bereit sein würde, wenn das Kirchenregiment in ihren Händen wäre, dem Beispiel des hannoverschen Kirchenregiments so bald als möglich zu folgen. Aus diesem Grunde dürfen wir uns der Pflicht nicht entziehen, gegen solche Thatsachen, wie sie jetzt vorliegen, entschieden Einspruch zu erheben.

Ich bin durchdrungen davon, daß es Unzählige giebt, für welche, wenn diese Grundsätze in der Kirche herrschend wären, die Folge nur die sein könnte, daß sie durchaus zweifelhaft werden, ob die christliche Religion auch ferner noch imstande sei, die tiefsten Bedürfnisse des menschlichen Herzens zu befriedigen, ob es möglich sei, sie geschichtlich zu verstehen, und ob sich eine Weltanschauung gewinnen lasse, welche mit dem bleibenden Inhalte der christlichen Religion zugleich die gesicherten Ergebnisse unserer gegenwärtigen Welterkenntnis festhält. Die Konsequenz wäre, daß dadurch in die christliche Gemeinschaft nur neue Zersetzungen hineingetragen würden, und daraus müßte auch eine ernstliche Gefahr für das christliche Leben hervorgehen.

Es ist gewiß niemand unter uns, dem der Glaube an Gott nicht das Heiligste wäre, was es giebt — niemand, der nicht in der

Erscheinung und in der Religion Jesu gerade die endgiltige Befriedigung der religiösen Bedürfnisse unseres Herzens erkennt — niemand, der diese Persönlichkeit nicht so ansieht, daß ihr Leben von Gott gegeben, in Gott geführt ist und zu Gott die Menschen hingeführt hat, als ein Leben, das für ihn und für uns etwas Unvergängliches und vom leiblichen Tode etwas Unzerstörbares ist, das bleibende Vorbild und der Maßstab für unser eigenes christliches Leben. Aber zu unterscheiden ist die Form dieses Glaubens und ihr ewiger Gehalt. In diesem ewigen Gehalt wissen wir uns eins mit der kirchlichen Vergangenheit und sind fest davon überzeugt, daß sich auch die kirchliche Zukunft darin mit uns eins fühlen wird; aber die Form, in welcher dieser Glaubensinhalt vorstellig gemacht und in Sätzen ausgesprochen wird, unterliegt durchaus nun einmal der menschlichen Geistesentwickelung, und ich zweifle, ob überhaupt jemand vorhanden ist, welcher noch heute mit voller Ueberzeugung und Freudigkeit sich zu der Form bekennen wird, welche das 16. Jahrhundert, für sein Zeitbedürfnis durchaus befriedigend, der christlichen Wahrheit in den Bekenntnisschriften der Kirche gegeben hat.

Wenn das aber nicht möglich ist, nun, dann ist auch der Geistliche nicht bloß berechtigt, sondern geradezu verpflichtet, an die Vorstellungen anzuknüpfen, welche er in seiner Zeit vorfindet, um mit Hilfe hiervon die christliche Wahrheit seinen Zeitgenossen nahe zu bringen, und verständlich zu machen, nachdem er selbst auf dem Wege der Wissenschaft die Vermittelung zwischen dem Inhalt des Christentums und der Weltanschauung seiner Zeit gesucht und gefunden hat.

Wenn ein Geistlicher das thut, dann, meine ich, müßte er von seiner vorgesetzten Behörde belobigt werden; wird er aber abgesetzt, nicht wegen einer sittlichen Verfehlung, nicht wegen eines Fehlers in seelsorgerischer oder pädagogischer Beziehung, sondern lediglich, weil er sich für seine Verkündigung nicht derjenigen Form bedient, die aus dem 16. Jahrhundert stammt, dann, verehrte Anwesende, sind wir nicht bloß berechtigt, sondern, um der gefahrdrohenden Folgen willen, geradezu verpflichtet, gegen dieses Vorgehen, auch wenn der Gang der Weltgeschichte dadurch nicht aufgehalten werden kann, ganz entschieden Verwahrung einzulegen.

(Lebhafter Beifall.)

Herr Prediger D. Dr. **Kirmß:** Hochverehrte Anwesende! Nach dem, was bereits gesagt worden ist, bleibt eigentlich für einen weiteren geistlichen Redner nur sehr wenig zu sagen übrig, und ich will mich daher nur auf ein ganz kurzes Wort beschränken. Wir erheben gegen die verhängnisvolle Entscheidung des hannoverschen Konsistoriums Einspruch, nicht um Lärm zu machen und um Aufsehen zu erregen, sondern aus Liebe zur evangelischen Kirche und zum evangelischen Volke. Denn wir sehen mit tiefem Schmerze, wie die Kluft zwischen der evangelischen Kirche und dem evangelischen Volke immer größer wird, und wir sehen in derartigen Eingriffen Mittel, durch welche diese Kluft nur immer größer werden muß. Denn, verehrte Anwesende, was muß die Folge eines derartigen Glaubensgerichts in der evangelischen Kirche sein? Es wird die Zahl derer immer größer werden, welche die unselige Rede im Munde führen: „Die evangelischen Geistlichen dürfen nicht sagen, was sie glauben und was sich ihnen als Frucht ihres Studiums in der Heiligen Schrift ergeben hat; sondern sie dürfen nur sagen, was ihnen von der Kirchenbehörde vorgeschrieben wird."

Solche Reden wollen wir uns als evangelische Geistliche nicht gefallen lassen, nicht um unser selbst willen — denn wir können sie mit gutem Gewissen ertragen — sondern um unserer Gemeinden willen, um unseres evangelischen Volkes willen, bei welchem dadurch das Mißtrauen gegen die Kirche und gegen uns Pfarrer immer größer werden muß.

Darum rufen wir unsere Gemeinden auf, auch durch derartige Dinge, wie sie in Hannover geschehen sind, sich nicht irre machen und verbittern zu lassen, sondern in der lebendigen Arbeit und mit lebendigem Zusammenschluß zu gemeinsamer kirchlicher Thätigkeit fest zu bleiben und immer stärker zu werden. Je lebendiger unsere evangelischen Gemeinden werden im christlichen Glauben und in thatkräftiger Liebe, um so mehr werden die toten Worte, um welche gestritten wird, und die dürren Formen weggeschwemmt werden von dem lebendigen Geiste, welcher in den Gemeinden lebt, um so mehr werden solche Glaubensgerichte unmöglich werden.

Wir wollen aber ebenso Einspruch erheben im Interesse der evangelischen Geistlichen. Es ist ebenso widersinnig wie verhängnisvoll, wenn ein junger Theologe, der seine Universitätszeit zu eindringenderen Studien ausgenutzt hat, sobald er in die Praxis tritt, sich auf Schritt und Tritt bei jedem Wort, das er sagt, fragen muß; Darfst du das auch vor der Kirchenbehörde sagen oder mußt du befürchten, gemaßregelt zu werden? Dadurch muß doch der Muth und die Freudigkeit, ohne welche ein gesegnetes Wirken im Pfarramt unmöglich ist, stark gehemmt und niedergedrückt werden; denn ebenso, wie wirkliche Frömmigkeit niemals durch Gewalt erzwungen werden sondern nur in der Luft der Freiheit gedeihen kann, kann auch gedeihliche Arbeit von evangelischen Geistlichen nur in der Luft der Freiheit geleistet werden. Gewissenhafte Forschung in der Heiligen Schrift und weise Rücksicht auf die Bedürfnisse bilden ausreichende Schranken gegen schrankenlose Lehrwillkür. Wohl hat Paulus gesagt: „Wir predigen nicht uns selbst, sondern wir predigen Christum, daß er sei der Herr.“ Aber jeder — mag er liberal oder orthodox sein — predigt Jesum Christum eben so, wie er ihn erkannt hat, wie er ihn geschaut hat, die Auffassung des Christentums, die er nach gewissenhafter Erwägung und durch redliches Forschen zu seiner Ueberzeugung gemacht hat.

Wenn Pfarrer Weingart wirklich einen Fehler gemacht hätte, wenn er wirklich durch seine Predigtthätigkeit irgendwie die Anschauungen von Gemeindemitgliedern verletzt hätte (wovon übrigens nichts bekannt geworden ist), so wäre es evangelisch gewesen, wenn einer seiner geistlichen Vorgesetzten ihm seelsorgerisch vorgehalten hätte, wie er sich zu verhalten habe. Das, verehrte Anwesende, wäre evangelisch gewesen. Was hier geschehen ist, ist nicht evangelisch.

Ich möchte noch auf einen ganz kleinen Punkt aus dem Prozeß Weingart hinweisen. Bei der Verhandlung ist Pfarrer Weingart der einzige gewesen, der ein Neues Testament bei sich gehabt hat. Verehrte Anwesende, wir wollen uns das zum Vorbild dienen lassen. Wir wollen jeden solchen Kampf ausfechten mit dem Neuen Testament in der Hand. Die theologische Wissenschaft hält es uns vor, lehrt uns darin forschen, lehrt es uns nach seinem ursprünglichen Sinn verstehen. Man spricht heutzutage in gegnerischen Kreisen viel von einer „negativen“ Kritik, von einer „negativen“ Wissenschaft. Thatsächlich ist die kritische Theologie etwas durch und durch Positives: Das Christentum herauszuschälen aus der geschichtlichen, zeitlichen Hülle, so daß es dann hineingepflanzt werden kann in das Herz des heutigen Geschlechts, das Christentum in seiner ursprünglichen Reinheit für den heutigen Menschen, ohne die später entstandenen dogmatischen Hüllen, welche dem heutigen Bewußtsein unverständlich sind, so daß auch ein denkender Mensch der Gegenwart sich mit voller Ueberzeugung als Christ fühlen und bekennen kann, das ist doch eine sehr positive Arbeit.

Wir wollen alle solche Kämpfe führen mit dem Neuen Testament in der Hand und im Herzen! (Lebhafter Beifall.)

Herr Reichstagsabgeordneter Justizrat **Munckel:** Meine verehrten Anwesenden! Wenn ich nach den drei verehrten Rednern, die vor mir gesprochen haben, überhaupt das Wort nehme, so geschieht es, weil ich glaube als Laie gerade diesen Herrn Theologen gegenüber dazu auch berufen zu sein. Wir fühlen mit mit demjenigen, was unseren Geistlichen — denn den Herrn Pfarrer Weingart rechne ich zu den unsrigen — zugefügt worden ist durch den Spruch des Konsistoriums in Hannover, und ich glaube, es ist niemand unter Ihnen, der nicht einmütig wäre in der Verurteilung des Urteils, das wir gehört haben. Wenn irgend etwas richtig ist, so ist es das, was mein Vorredner sagte: Positive Arbeit in der Religion wird nicht von denen gemacht, die sich die Positiven nennen, sondern von denjenigen, die die freie theologische Kritik üben.

Wenn ich mir von diesem Urteil in Hannover etwas verspreche, so ist es das, daß ich mich trösten möchte mit einem Worte, das, wie ich glaube, auch in der Bibel steht: „Sie gedachten es böse zu machen, aber der liebe Gott hat es gut gemacht.“ Denn ich hoffe, es soll aus diesem Falle eine Agitation erwachsen, die den Gegner gründlich zu Boden streckt. Ich teile den guten Glauben nicht, gar nicht, daß diese Sache von oben kommen wird. Das bezweifle ich. Ich habe in Großpreußen viele Kirchen neu entstehen sehen, aber den lebendigen Geist der Religion, wie wir ihn glauben aufzufassen, den sah ich in den meisten dieser neuen Kirchen nicht herrschen. Die Orthodoxie, der blinde Buchstabenglaube erhebt immer mehr und mehr sein Haupt, ein Glaube, der imstande ist, wenn er die Alleinherrschaft erlangen sollte, alle wirklich denkenden Menschen aus der Kirche herauszugraulen. Man könnte manchmal den Gedanken haben, als käme es den Herren darauf an, als möchten sie, daß Bildung und Verstand in ihren Gemeinden keinen Platz mehr haben, als möchten diejenigen, die sich so gern mit vollen Worten die Hirten nennen, mit ihren Schafen allein sein.

Verehrte Anwesende, entwickelte sich die Sache so weiter, würde wirklich diese Orthodoxie Herrin in unserer christlichen Kirche, die wir die evangelische nennen, dann wäre für uns darin nicht mehr Raum; aber wir denken nicht daran, ihnen den Gefallen zu thun, und mit solchem Schritte wie den, welchen sie eben unternommen haben, wecken sie gerade den christlichen wirklich freisinnigen Geist, der allein die heutige Reformationskirche beherrschen sollte.

Ganz recht hat Herr Professor Pfleiderer gesagt: Was wäre das für eine Reformation, die sich im 16. Jahrhundert auflehnte gegen die katholische Kirche, gegen die toten Glaubenssätze, wenn sie nichts weiter wollte, als an die Stelle des Glaubens des nicäischen Konziliums nunmehr die Confessio Augustana zu setzen. Schlechter wären wir daran wie die katholische Religion, denn die hat doch in ihren Konzilien bisher, in der Unfehlbarkeit des Papstes jetzt, noch immer das Mittel kräftig, wenn nicht vorwärts, so doch rückwärts zu schreiten. Sie bewegt sich doch. Unsere Kirche aber mit dem Herrn Düsterdiek — dieser Name ist mir im Urteil besonders aufgefallen — unsere Kirche mit den Zionswächtern in Hannover steht aber absolut fest und bewegt sich gar nicht. Was soll denn das überhaupt für eine Auffassung sein? Gewiß, Herr Professor Pfleiderer hat mit Recht gerühmt den kindlichen Glauben, den wir alle einmal gehabt haben, als wir noch Kinder waren, und ich bin der letzte, der in meinem jetzigen Lebensalter bedauern wollte die schöne Zeit der Kindheit, in der wir uns so glücklich gefühlt haben. Aber, meine Herren, die Menschen können nicht Kinder bleiben, und die Völker können es auch nicht. Die Zeit der Kindheit geht einmal vorüber, und schließlich ein Unglück ist es doch auch nicht, daß man vom Kinde allmählich zum Manne wird. Unsere Wissenschaft schreitet vorwärts. Wir wissen, daß die schönen Märchen, die man uns früher erzählt hat, keine buchstäbliche Wahrheit sind, aber daß sie da, wo es wirklich schöne Märchen waren, tiefere innere Gefühlswahrheiten enthielten. Und ich will der Heiligkeit der kirchlichen Ueberlieferungen gewiß nicht zu nahe treten, aber sie haben sich im Laufe der Zeit als schöne Märchen, als schöne Legenden um die Wahrheit gruppiert und sie zeichnen die Auffassung von Heilsthatsachen einer Welt, die in der Kindheit lag, eine Auffassung, die wir unmöglich mehr zu der unsrigen machen können.

Was hat sich geändert in unserer Erkenntnis auch seit den Zeiten Luthers, geschweige denn seit den Zeiten Paulus und Jesu Christi selbst! Wenn diese Männer, die damals lehrten, heute vor das hannoversche Konsistorium kämen — Herr Pfleiderer sagte schon: Paulus wäre längst als Ketzer verurteilt, Luther wäre es nicht besser gegangen und über Jesu Christi Schicksal selbst fragen Sie bei den Pharisäern an, deren Geiste das Urteil des Konsistoriums entspricht. Jesus Christus hat für diese Sorte Menschen keine besondere

Vorliebe gehabt, und ich glaube, er würde sie auch heute nicht haben, und wenn es richtig ist, daß der Geist Jesu fortlebt in den Gläubigen, die ihn wirklich gläubig erkennen, dann wage ich zu sagen: in dem hannoverschen Konsistorium lebt er nicht!

Was wäre es für ein Unglück, verehrte Anwesende, wenn wirklich darin das Heil der Welt läge, daß man an diese Dinge buchstäblich glaubt, an Dinge, von denen wir zum Theil jetzt wissen, was man früher nicht wußte, daß man sie buchstäblich garnicht glauben kann. Wie könnte denn überhaupt der Gedanke ausgedacht werden, daß der liebe Gott uns verurteilt hätte, den Verstand, den er uns doch selbst gegeben hat, zu knechten und zu glauben, was wir nicht glauben können, und zu sehen, was wir nicht sehen können.

Es ist ja allerdings richtig, man kann sich auf Worte der Schrift berufen. Es ist wahr, es sollten ja unsere Voreltern nach dem ersten Buche Moses von dem Baume der Erkenntnis nicht essen. Sie haben davon gegessen und wir essen noch täglich davon. Aber diese Dinge müssen doch anders aufgefaßt werden, als jene Herren glauben, denn es steht andererseits auch geschrieben, „daß Gott ein Geist ist, den wir anbeten sollen im Geiste und in der Wahrheit und nicht im Fleische“ und „und daß es der Buchstabe ist, der tötet, und der Geist, der lebendig macht“.

Darin beruht der Wert des Christentums nicht, daß wir die Auferstehungsgeschichte buchstäblich glauben, daß wir die Himmelfahrt buchstäblich glauben, sondern darin besteht der Geist der christlichen Lehre, daß wir wissen, was Christus den Menschen brachte: die Erkenntnis, daß ein Gott ist und daß dieser Gott die Liebe ist und daß die Liebe zu Gott das erste ist und die Liebe zum Nebenmenschen das nächste. Das ist der Hauptinhalt der Religion, daß Christus für uns gelebt hat und für uns gestorben ist und mit dem Tode, mit seinem Blute seine Lehre bestätigt hat.

Was anderweit noch erzählt wird über seine wunderbare Geburt, über seine wunderbare Auferstehung und seine wunderbare Himmelfahrt, das sind Zeichen der Verehrung jenes ersten kindlich gläubigen Zeitalters, Zeichen, die wir als solche hochschätzen und unseren Kindern erzählen mögen, die wir aber doch selbst zu glauben nicht mehr imstande sind. Wer glaubt denn jetzt noch von Ihnen an den Himmel, in den man hinauffahren kann? Das war gut zu einer Zeit, wo man glaubte, daß dieser Planet, um dessen Machtteilung wir uns gegenwärtig bemühen, der Mittelpunkt der Welt sei. Seitdem wir wissen, daß wir auf einem der geringwertigsten Planeten eines geringwertigen Sonnensystems inmitten einer Welt von Millionen ähnlicher Weltkörper existieren, wer kann da diesen Kindesglauben haben, welchen diejenigen hatten, die vordem meinten, im Mittelpunkt des Weltalls zu stehen, zu dem Erde, Sonne, Mond und Sterne gehörten. Und wenn wir dann noch in alten Bildern weiter reden und wenn auch die Geistlichen für diejenigen, die den Kindesglauben noch haben, an diesem Kindesglauben zu rühren nicht nötig haben, so wenig wie wir unseren Kindern die Freude an den Märchen und schönen Erzählungen verderben, so sagen wir andererseits auch: jetzt, wo wir wissen, daß dies nicht wahr ist: die Sonne geht auf und die Sonne geht wieder unter, während wir wissen, daß sich doch die Erde um die Sonne dreht, — also sagen wir — da erzählt den Buchstabenglauben denjenigen, die daran glauben, denjenigen aber, die nicht daran zu glauben imstande sind, denen darf man den Geist der Erkenntnis nicht vorenthalten. Nur wenn man so handelt, dann kann man überhaupt eine gläubige Gemeinde heute unter den Gebildeten schaffen, und nur wenn man das thut, kann man die christliche Kirche mit der modernen Wissenschaft versöhnen.

Ich habe mich gefreut, heute aus so beredtem Munde zu hören, daß es eine theologische Wissenschaft nach dieser Richtung hin giebt, nicht feindlich, sondern freundlich mit der Wissenschaft überhaupt. Alles, was wir erkennen, das erkennen wir doch durch die Gnade Gottes, der die Menschen mit denjenigen Fähigkeiten ausgerüstet hat, die der Mensch besitzt. Wir sind berechtigt und verpflichtet, diese Fähigkeiten anzuwenden zu unserer Erkenntnis, soweit wir können. Wir wissen, daß diese Erkenntnis ihre Grenzen hat, und es ist so wenig der Fall, daß Wissenschaft und Glaube mit einander in Kampf geraten, daß das Gebiet des Glaubens immer ein übermächtiges bleiben wird, wo die menschliche Erkenntnis ihre Grenzen hat.

Gewiß, wir glauben an alles, was es an edlen und guten Eigenschaften giebt. Wenn wir an einem Menschen eine edle Eigenschaft bewundern, wenn wir seinen Großmut, seinen Opfermut, seinen Patriotismus als große Eigenschaften anerkennen: wo kommen sie anders her als von Gott? Wenn wir etwas bewundern, was schön ist: nicht die Materie hat es doch geschaffen; die Schönheit kommt von Gott. Wenn begeisterte Dichter uns einnehmen für die Erzeugnisse ihrer Muse — um mich so auszudrücken — so sind es Gaben von Gott, höhere Eigenschaften, die wir nicht ergrübeln können, sondern die durch höhere Macht geschenkt sind. Und so wissen wir, verehrte Anwesende, daß eine Welt existiert nach einem weisen, verständigen und vernünftigen Plan, in der jeder von uns seinen Platz findet nach der göttlichen Weisheit, und seinen Platz finden wird, sei es als Individuum, sei es anders auch, wenn man dieses Leben abgeschlossen hat.

Wir haben aber nicht die grobsinnliche Vorstellung, die man früher hatte von einer Auferstehung des Fleisches, welches deshalb nicht verbrannt werden dürfte.

Ist diese Idee von einer Auferstehung des Fleisches die richtige? Nein, wir wissen, daß man sich Himmel und Hölle schon auf Erden zurecht machen kann und daß das ruhige Bewußtsein erfüllter Pflicht den Himmel in sich trägt und das böse Gewissen tödtet.

Aber ich will nicht schließen, ohne irgend einen versöhnlichen Rückblick selbst auf das Landeskonsistorium der Provinz Hannover zu werfen. Auch das trägt, wenn ich die Erkenntnisse richtig gelesen habe, den Forderungen der Neuzeit Rechnung. Es fordert den Glauben an den Teufel in grobsinnlicher Beziehung nicht. Auch derjenige, der nach dem Herzen dieser Herren lebt, braucht sich nicht den Teufel mit Schweif und Pferdefuß vorzustellen, er darf an einen anderen Teufel glauben, aber ohne den leibhaftigen geht es nicht ab. Es soll unser Streben sein, nicht von oben herab die Aenderung zu hoffen, sondern in lebendiger Arbeit innerhalb unserer wirklich christlichen Kirche mit dieser Orthodoxie aufräumen, die, wenn sie jetzt auch mächtig scheint, doch den Zug der Zeit gegen sich hat. Es geht auf die Dauer nicht, und wenn auch einer unserer Dichter gesagt hat: Mit der Dummheit kämpfen Götter selbst vergebens: in dem Punkte hat er sich geirrt. Wenn man die Zeit richtig bewerthet, dann wird diese Thorheit überwunden werden.

Es ist ja lebhaft zu bedauern, wenn viele unserer verdienten Geistlichen, die uns die Kirche wieder lieb machen können, aus der die anderen uns herausgraulen, unter solchen Rechtssprüchen zu leiden haben. Aber jeder von ihnen und unser Weingart voran kann sich wenigstens sagen: er ist ein Märtyrer für eine gute Sache, und das, was er leidet, wird nicht vergeblich gelitten sein. (Lebhafter Beifall.)

Herr Pastor **Graue:** Nur ein paar ganz kurze Worte. Ich hatte mir vorgenommen, etwas zu Ihnen zu sagen als Vertreter der jungen Generation unserer Geistlichkeit und zunächst meinem Dank Ausdruck zu geben, daß ein Professor der Theologie zu uns gesprochen hat. Wir erfahren es nicht immer, daß die Professoren zu uns halten, die Herren, bei denen wir gelernt haben. Ich für meine Person bekenne mich sehr gern zu der Ueberzeugung, wie sie Pastor Weingart seinerseits in Hannover zum Ausdruck gebracht hat. Wissenschaftlich werden die meisten jungen Theologen heute auf dem Standpunkt stehen wie er. Es ist kein wissenschaftliches, sondern ein reines Glaubensurteil, die Erscheinungen Jesu zugleich zu deuten als providentiell geordnet, als göttliche Beglaubigung des Gekreuzigten. Im übrigen haben die Erscheinungen für unseren Osterglauben überhaupt, wie mir scheint, nicht die ihnen meist beigelegte Bedeutung. Ich muß sagen, selbst, wenn von ihnen nichts in der Bibel stände, ich würde dennoch an den lebendigen Erlöser glauben. Ich habe einen solchen überwältigenden Eindruck von seinem Leben auf Erden, daß ich weiß: er lebt, einfach auf grund der Werthung seines inneren Lebens und des persönlichen Geisteslebens überhaupt.

Wenn nun diese Osterthatsache selbstverständlich von dem Geistlichen verkündet werden muß, so ist die Frage, ob die einfache Ankündigung genügt, oder ob eine beliebige Form herausgesucht werden muß, in welcher der Prediger die Thatsache zu verkünden hat. Es liegt hierin die ungemein schwerwiegende Frage: Was eint uns überhaupt als religiöse Gemeinde? Was ist für uns die höchste Autorität? Die Bibel, das Dogma? Was ist evangelisch, was bedeutet Bekenntnis, Glauben, Liebe? Unsere schönsten Worte sind in miserabler Weise verhunzt worden, so daß man sich oft geniren möchte, sie in den Mund zu nehmen, Bekenntnis z. B. Das ist gewiß, daß für die Kirchengemeinschaft ein Bekenntnis sein muß. Herr Professor Pfleiderer hat ganz gewiß nicht den Ausspruch Friedrichs des Großen: In meinem Lande soll jeder nach seiner Façon selig werden — hier zitiert, um damit zu sagen, daß dies ohne weiteres für die Kirche der richtige Standpunkt ist. Das ist ein gesunder Staatsgrundsatz, aber innerhalb der Kirche muß es bestimmte Normen geben. Ein Vaterunser muß jeder noch beten können. Diese Façon wird als religiöses Bekenntnis bleiben.

Aber es ist etwas anderes, ob die Bekenntnisse des 16. Jahrhunderts unbedingt und buchstäblich binden sollen. Wie der Herr Professor sagte, würde das der Auffassung der katholischen Kirche entsprechen, die die Absolutierung und Vergöttlichung der äußeren Rechtsordnung zum Wesen hat. Aber die Reformation bedeutet die Erlösung der Kirche aus dem Juristischen der Kirchenordnung, sie stellt das

Wesen der Kirche über jede ihrer geschichtlichen Erscheinungen. Um so können Kirchenordnungen und Kirchengesetze für uns niemals göttlich unbedingte Bedeutung haben, religiösen Gehorsam von uns verlangen. Darin liegt das kirchliche Wesen des Protestantismus. Ich erinnere übrigens daran, was vielleicht auch ganz interessant ist, daß die lutherischen Bekenntnisschriften nicht eigentlich durch die lutherische Kirche zum Bekenntnissymbol gemacht worden sind, sondern vielmehr durch das Deutsche Reich in dem Augsburger Religionsfrieden 1555 und zwar mit dem ausdrücklichen Zwecke, die Streitlust der Theologen zu zügeln, ihr durch offizielle Festlegung einen Damm vorzusetzen. Wenn Kirchenordnungen also jene Bedeutung für uns nicht haben können, dann können auch die Kirchenlehren weder für die Gemeinden noch für die Geistlichen unbedingte Bedeutung haben. Wenn bei uns eine Formel irgend welcher Art aufgestellt worden ist, so kann sie immer nur auf Widerruf gelten und unter dem ausdrücklichen Vorbehalt, daß die Geistlichen und Gemeinden nicht unbedingt an den Buchstaben gebunden sind, sondern nur an den darin enthaltenen religiösen und sittlichen Glaubensgehalt. Jedes andere Verhalten verursacht nur Ueberschätzung der Theorie in Glaubenssätzen, mag man liberal oder orthodox sein, und hat einen elenden Fanatismus zur Folge, der mit dem Buchstaben alles wahre innere Gemüts- und Glaubensleben totschlägt. Womit ich nicht eingestimmt haben will in den Ruf derer, die da sagen: es ist gleichgiltig, wie dieser oder jener Gedanke ausgedrückt wird, das werden wir niemals herauskriegen. Wir werden niemals das Christentum auf die Begriffe bringen. Hauptsache ist, daß wir thun, was unser Glaube verkündet. Ja, das ist eine sehr schöne und richtige Anweisung, aber was ist denn der Glaube, worin besteht das Christentum, was soll ich thun, was ist Hauptsache und Nebensache in der Bibel?

Pastor Weingart hat man volles Christentum abgesprochen, weil er in der Art der Verkündung der Osterthatsachen abgewichen ist von der sonstigen Form. Da ist diese Abweichung zu einer Hauptsache, zu einer Verletzung des Wesens des Christentums gemacht worden. Deshalb ist es durchaus kein bloßes theoretisches Verstandesinteresse, sondern ein hervorragend praktisches Interesse, daß ich weiß: was ist eigentlich Christentum? Ist nur das Christentum, wie man es von Weingart verlangt hat? Was soll ich glauben? Was für Werke soll ich thun? Verstandeswerke, Liebeswerke, Glaubenswerke? Ist Christentum Gesinnung und freie Gesinnungs-Ueberzeugung oder

Unterwürfigkeit des Intellekts unter den Intellekt vergangener Jahrhunderte und Jahrtausende? Das sind hochheilige und hochwichtige Fragen, und ich möchte Sie bitten, nicht den Geistlichen allein die Beantwortung dieser Fragen zu überlassen, sondern mit uns, auch mit der jüngeren Generation, als deren Vertreter ich heute zu Ihnen sprechen wollte; diese Fragen aufs Herz zu legen mit einer gesunden Freisinnigkeit in des Wortes edelster und bester Bedeutung, nicht aus bloßem Kulturinteresse, aus bloßem Bildungs- und Verstandsinteresse, sondern aus einem mächtigen religiösen Drange, aus Sehnsucht nach Glauben, eigenem Glauben, reinem Glauben, nach Gottesglauben. Wir wollen frei sein in der Kirche, nicht weil wir eine Willkür auf den Thron erheben wollen, sondern wir wollen frei sein von menschlichen Anmaßungen und Kirchenanmaßungen, weil wir gebunden sein wollen allein an Gott. Wir wollen den Ausbau unserer Kirche im Geiste Jesu, nicht im Geiste der Pharisäer und Schriftgelehrten. Wir wollen reine Religion, die nicht belastet ist mit dem und dem, wirkliche reine evangelische Religion als evangelische, befreiende, erlösende. Lassen Sie uns immer wieder den alten guten Namen „Protestant" zu Ehren bringen. Wenn wir aufhören zu protestiren — aber allein im Namen des reinen Evangeliums —, dann verdienen wir nicht, Jünger der Reformation zu sein.

Wir Pastoren werden unsere Pflicht thun; aber nochmals: möchten die Gemeinden ihre Rechte und Pflichten erkennen! Bitter not thut eine Volksbewegung in der Kirche, und zwar eine wirklich religiöse und kirchliche Volksbewegung. Die brauchen wir.

Gott helfe uns, daß wir eine Kirche bekommen, die ebenso fromm wie frei ist, und in der es für Geistliche und Gemeinden eine wirkliche Lust ist zu leben! (Beifall.)

Herr Dr. **Groth:** Meine verehrten Anwesenden! Wir haben den wichtigen Gegenstand, der uns heute hier zusammengeführt hat, nach den verschiedensten Richtungen jetzt behandeln hören. Wir haben sehr erfreuliche Uebereinstimmung konstatiren können zwischen den verehrten Herren, die teils vom Standpunkt echtester und höchster Wissenschaft aus, teils vom Standpunkt des seelsorgerischen Amtes gesprochen haben. Aber eins scheint mir noch übrig zu sein, worüber Sie von deu Veranstaltern dieser Versammlung Auskunft verlangen können und müssen. Sie haben gelesen, daß der Vorstand des kirchlich-liberalen Wahlvereins Sie hierher geladen hat. Sie könnten fragen: Was hat der mit dieser Frage zu thun? Ja, meine verehrten Anwesenden, es ist aber Uebereinstimmung vorhanden nicht bloß zwischen Wissenschaft und praktischer Seelsorge, sondern dieselbe Uebereinstimmung, wie wir sie gerade heute zu unserer allseitigen Freude haben feststellen können, besteht auch zwischen den Mitgliedern der sehr irdisch organisirten preußischen Landeskirche, die es sich zur Aufgabe gestellt haben, in unserem Sinne praktische Arbeit zu treiben.

Wenn ich mir über irgend eine Frage wie die heutige Klarheit verschaffen will und mich prüfe, ob ich den richtigen Standpunkt einnehme, dann setze ich mir zum Ziele die Betrachtung: was sagen die Gegner darüber? was würden sie darüber sagen? Es ist dies eine Anwendung des schönen Grundsatzes: audiatur et altera pars. Was werden die Gegner sagen? Ich glaube, sie werden im vorliegenden Falle sagen: die ganze Geschichte geht euch gar nichts an. Osnabrück liegt gar nicht im Bezirk der preußischen Landeskirche. Ja, die Herren haben gewissermaßen recht, und wenn wir unsere ganze Kirche juristisch organisieren wollten, wie die katholische, dann könnten wir auch ruhig das Konsistorium in Hannover dafür sorgen lassen und ihnen die Sache überlassen.

Aber wir sind herausgekommen aus diesen ursprünglichen und kindlichen Verhältnissen, wir haben keinen Kindesglauben mehr, sondern Mannesglauben. Das ist uns heute wiederholt aus dem Herzen und zum Herzen zugerufen worden. Nun, meine verehrten Anwesenden, dann ist es aber auch unsere Pflicht, unseren Mannesglauben mit Manneswaffen zu verfechten. Ich hoffe, daß dieser traurige Fall in Osnabrück dazu beitragen wird, das evangelische Bewußtsein auch innerhalb der preußischen Landeskirche zu schärfen.

Ich gehe noch weiter und komme dazu, einen praktischen Vorschlag zu machen, indem ich mich zugleich eines Auftrages entledige. Ich glaube weiter, daß sich dieser Vorfall auch anders verwerthen läßt als dazu, daß wir der vorgeschlagenen Resolution zustimmen. Ich war vor kurzem auf einem schlesischen Missionsfeste, und dort wurde angeregt, ob man nicht eine Erklärung aufsetzen sollte in schlichten, kurzen und eindringlichen, aber klaren Worten, welche die Auffassung festlegt, welche liberale Christen von dem Vorfall in Osnabrück haben, und diese an geeigneter Stelle einreichen und in den Zeitungen veröffentlichen sollte. Ich möchte Ihnen vorschlagen, eine Kommission einzusetzen, bestehend aus den beiden Vorsitzenden der Unionsvereins und des kirchlich-liberalen Zentralwahlvereins und drei anderen Herren, die eine solche Erklärung zu formuliren und zu einer möglichst weiten Verbreitung im ganzen evangelischen Deutschland zu bringen hätten. Ich denke mir, daß es Mannespflicht ist, nicht bloß in Form einer Resolution, die von einer anonymen Versammlung ausgeht, sondern mit Namensunterschrift dieser Auffassung liberaler Christen Ausdruck zu geben. Ich denke mir, daß eine Zahl von Unterschriften und namentlich ein Gewicht dieser Namen herauskommen wird, welches auch den Gegnern imponiren muß, und welches vor allen Dingen unseren Freunden in Hannover das Gefühl geben wird, daß sie in solchem Kampfe nicht allein stehen, sondern daß wir eine in christlicher Liebe verbundene Einheit sind weit über die Grenzen unseres Vaterlandes hinaus. (Lebhafter Beifall.)

Herr Reichstagsabgeordneter **Schrader:** Es hat sich Niemand weiter zum Worte gemeldet. Was den letzten Antrag betrifft, so glaube ich ihn ohne weiteres zur Abstimmung bringen zu können oder ihn noch kürzer zu erledigen, wenn ich die bezeichneten Vorsitzenden des Zentralwahlvereins und des Unionsvereins bitte, in Kooptation mit anderen Herren eine solche Erklärung aufzusetzen und zu verbreiten.

(Zustimmung.)

Dann liegt es uns noch ob, uns über die Resolution zu entschließen. Ich habe dieselbe noch einmal vorzulesen.

(Die Verlesung wird nicht gewünscht.)

Also Sie bedürfen dessen nicht, dann stelle ich die Resolution zur Abstimmung und bitte diejenigen, die sie annehmen wollen, die Hand zu erheben.

(Geschieht.)

Ich glaube Niemanden zu sehen, der nicht die Hand erhoben hätte. Ich konstatire also die einstimmige Annahme der Resolution.

Dann sind wir beinahe zu Ende. An erster Stelle haben wir zu danken den Herren, die in so lichtvoller Weise uns über die Bedeutung des Falles Aufschluß gegeben haben. Aber ich will mich nicht in langen Dankesreden ergehen, Sie haben Ihren Dank genugsam ausgesprochen, und die Herren werden selbst das Gefühl haben, wie dankbar die Versammlung ihre Ausführungen aufgenommen hat. Aber wir haben nicht bloß Dank auszusprechen, sondern auch Dank zu beweisen, Dank dadurch zu beweisen, daß wir das thun, wozu sie uns aufgefordert haben, und das ist meine Bitte an Sie: Lassen Sie das, was hier gesprochen worden ist, nicht in den Wind gesprochen sein, sondern lassen Sie uns, wie es ausgesprochen ist, eine lebhafte Agitation in das Leben setzen für das, was unserer evangelischen Kirche not thut. Das betrachte ich als die beste Errungenschaft des Falles Weingart und dieser Versammlung, daß ein solcher Entschluß in uns gefestigt wird, und ich meine, diejenigen, die berufen sind, dies zur Ausführung zu bringen, werden das ihrige zu thun wissen. Das erste ist, daß das, was heute gesprochen ist, der weiteren Welt zur Kenntnis kommt, und ich bin der Meinung, daß wir die heutigen Verhandlungen — ein stenographischer Bericht ist aufgenommen worden — demnächst in den Druck geben und dafür sorgen, daß sie in den weitesten Kreisen Verbreitung finden. Mögen wir in Berlin wenigstens unsere volle Schuldigkeit thun, unsere evangelische Landeskirche zu gewinnen für die Gesinnungen, die wir hier vertreten. Mit diesem Wunsche schließe ich die Versammlung.

Schluß 10 3/4 Uhr.

Druck der Norddeutschen Buchdruckerei, Berlin SW., Wilhelmstr. 32.

MIX
Papier | Fördert gute Waldnutzung
FSC® C083411

Kolibri 360 GmbH
Ferdinand-Jühlke-Straße 7
99095 Erfurt, Deutschland
produktsicherheit@kolibri360.de